Pour Baboun et Mounette.

B.B.

Loi n° 49-956 du 16 juillet 1949 sur les publications destinées
à la jeunesse, modifiée par la loi n° 2011-525 du 17 mai 2011.

ISBN : 978-2-09-258748-5
Achevé d'imprimer en janvier 2021 par EGEDSA, Sabadell, Espagne.
N° d'éditeur : 10270380
Dépôt légal : mai 2019

Mes premières QUESTIONS RÉPONSES ! 3+

Je mange de tout !

Texte de **Gaëlle Bouttier-Guérive**
Illustrations de **Benjamin Bécue**

Nathan

À quoi ça sert de manger ?

Pour respirer, courir, grandir, se défendre contre les maladies… on a besoin d'énergie. Cette énergie est apportée par les aliments.

C'est quoi, le « bio » ?
Cela veut dire « biologique » : aucun produit chimique n'a été utilisé dans l'aliment, et les animaux ont été mieux traités.

Pourquoi doit-on manger de tout ?
Des légumes verts et des fruits pour bien digérer, des laitages pour construire tes os, du riz ou des pâtes pour l'énergie… Il faut un peu de tout pour être en bonne santé.

D'où vient la nourriture ?

Végétaux ou animaux, tous nos aliments viennent de la nature : de la terre, des rivières ou de la mer !

Pourquoi on mange les fraises en été ?
C'est la saison en France : elles ont eu suffisamment de soleil et d'eau pour pousser, développer leurs saveurs et leurs vitamines. Chaque plante a sa saison.

D’où vient le poisson qu’on mange ?
De la mer ou de rivières. Certains poissons peuvent aussi être élevés dans des fermes spéciales.

Pourquoi il faut manger des légumes ?

Les végétaux sont essentiels pour notre santé. Tellement que certaines personnes ne mangent ni viande ni poisson : on dit qu'ils sont « végétariens ».

Comment faire pour aimer les légumes ?
Un aliment peut être cuisiné de différentes façons. Ça change son goût : c'est magique. Les courges, par exemple, deviennent soupe, purée, frites, salade, gratin…

Est-ce que la pizza est bonne pour la santé ?
Oui, si on la fait maison : ainsi on peut mettre de bons ingrédients dedans. Et il ne faut pas en manger tous les jours !

À quoi ça sert de « bien se tenir à table » ?

Quand on est au calme, sans écran et qu'on se tient droit, on savoure les aliments et on les digère mieux. Le repas est aussi un bon moment pour discuter en famille !

Pourquoi c'est bien de goûter ?
Tu as le droit de ne pas tout aimer, mais, en goûtant, tu entraînes ta bouche et ton cerveau à aimer de nouveaux aliments.

Ça sert à quoi de se laver les mains avant de manger ?

Dans la journée, on touche plein de choses : certains mauvais microbes peuvent s'y accrocher.
Grâce au savon, on les enlève !

Pourquoi on ne mange pas toujours la même chose ?

Il existe tant de goûts, d'aspects, de plats différents : c'est une façon de découvrir la nature et le monde !

Doit-on vraiment finir ce qu'il y a dans son assiette ?
Pour éviter de gaspiller de la nourriture, mieux vaut commencer par de petites quantités, et se resservir si besoin.

Pourquoi on dit de goûter avant de saler ?

Sel, gras, sucre sont souvent ajoutés aux plats pour leur donner plus de goût mais, si tu en manges trop, tu risques de tomber malade.

C'est la bouche qui décide du goût ?

La bouche, oui, mais aussi les yeux, le nez et le cerveau ! L'odeur, l'aspect, la texture… influencent le goût.

Que se passe-t-il quand on avale un aliment ?
Il passe dans l'estomac puis l'intestin. Le corps se sert selon ses besoins ; le reste deviendra sueur, pipi, caca ou graisse.

la digestion

C'est quoi le caca ?
C'est de l'eau, avec des restes d'aliments et de bactéries surtout. C'est ce qui lui donne son odeur…

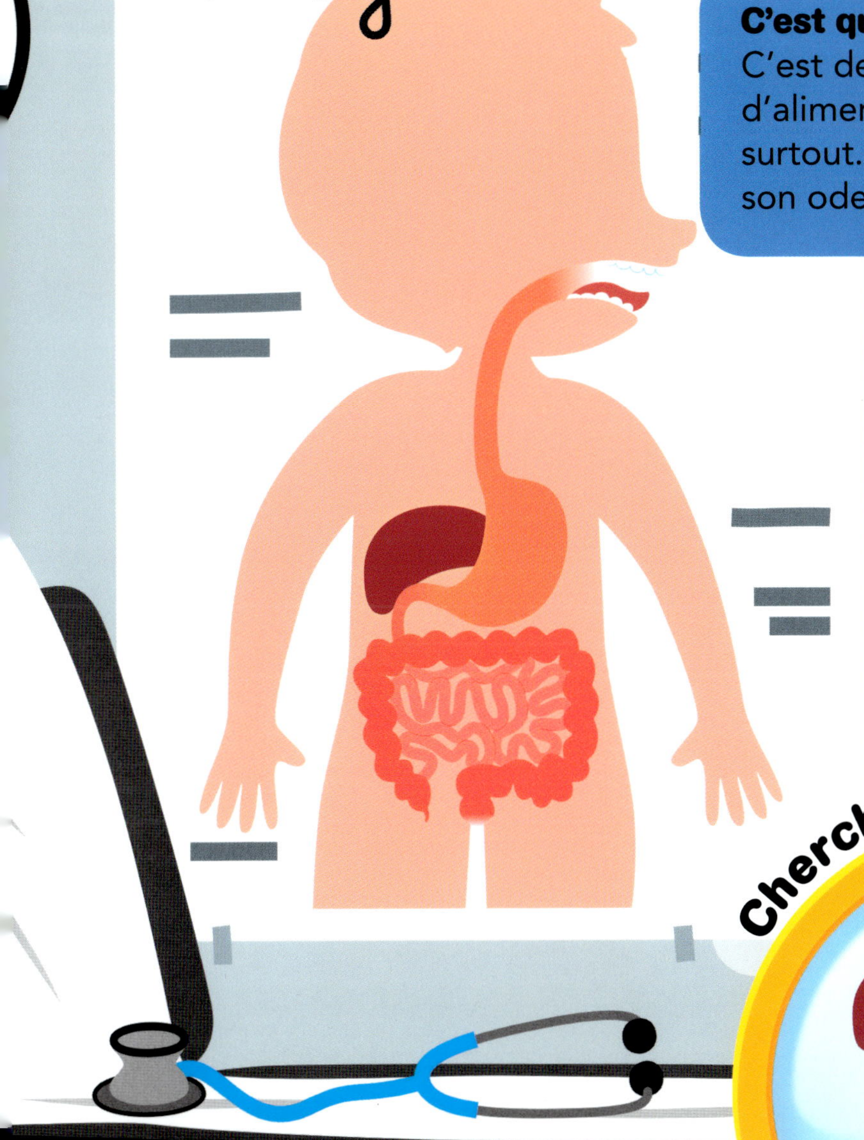

Pourquoi on ne peut pas manger que des bonbons ?

Le sucre attaque les dents et peut rendre malade si on en mange trop. On en trouve aussi dans les gâteaux, les sodas, les jus de fruits, les plats préparés… Attention !

Pourquoi il faut boire de l'eau ?
Nous sommes fait d'os, de sang, de muscles…, mais surtout d'eau ! Et pour que cette eau se renouvelle, il faut boire… de l'eau.

C'est quoi le meilleur des goûters ?
Des fruits, des céréales, des laitages, quelques plaisirs différents de temps en temps… Il y a le choix !

Cherche dans l'image !

le ragoût de renne
la pizza
le couscous
le guacamole
le sirop d'érable
le lait de yack
la banane plantain frite